10

AURELIO BULETTI

NICHT JEDES STAUNEN IST OHNE STIMME

NON CIASCUNO STUPORE È SENZA VOCE

Gedichte 1970–2009

Ausgewählt und übersetzt von Christoph Ferber
und mit einem Nachwort von Giovanni Orelli

Limmat Verlag
Zürich

DER VERLAG DANKT PRO HELVETIA, SCHWEIZER
KULTURSTIFTUNG, FÜR DEN BEITRAG AN DIE
ÜBERSETZUNGSKOSTEN

prohelvetia

FÜR EINEN DRUCKKOSTENZUSCHUSS DANKEN
WIR DER STADT LUGANO

Im Internet
Informationen zu Autorinnen und Autoren
Hinweise auf Veranstaltungen
Schreiben Sie uns Ihre Meinung zu diesem Buch
Abonnieren Sie unsere Newsletter
www.limmatverlag.ch

Das *wandelbare Verlagsjahreslogo* des Limmat Verlags auf Seite 1 zeigt Wasserzeichen, die Auskunft geben über Papiermühle, Papiermacher und damit über den Zeitraum der Herstellung des Papiers. Auf der Papierschöpfform wird ein Draht in Form eines Symbols oder eines Buchstabens befestigt. Dieser Draht hinterlässt einen Abdruck im Papier: die Faserschicht ist dort dünner, und bei durchscheinendem Licht wird das sogenannte Wasserzeichen als transparentes Bild sichtbar.

Umschlagabbildung: Aquarell von Paul Leber, Zürich
Typographie und Umschlaggestaltung von Trix Krebs

© Aurelio Buletti
Alle deutschen Rechte vorbehalten
© 2010 by Limmat Verlag, Zürich
ISBN 978-3-85791-601-4

VORBEMERKUNG

Aurelio Bulettis Gedichte entziehen sich jeder Etikettierung. Man könnte von Momentaufnahmen des Menschlichen sprechen, von kurzen, intensiven, meist ironisch-verspielten Reflexionen eines Meisters der Kleinkunst, von Versaphorismen, die das Paradoxe ebenso lieben wie das Gewöhnliche, das Wahrscheinliche wie das Unwahrscheinliche. In einem Gedicht *(Innumerevoli pagine)* erzählt uns der Autor von einem «unwahrscheinlichen», womöglich improvisierten Kellner. Ein ebensolcher «Schreiber» möchte er sein, «immer dabei, sich zu unterbrechen», alles aufzugeben, zu fliehen. So hat denn Buletti (im Gegensatz zu etlichen, auch weniger begabten Dichtern der Schweiz) jahrzehntelang überhaupt nichts unternommen, um sich Publizität zu verschaffen. Ein scheuer Mensch, der das Inkognito liebt, das er aber nun, nachdem er das Pensionsalter erreicht hat und rund ein Dutzend schmale Buchveröffentlichen vorweisen kann (alle übrigens in Klein- oder Kleinstverlagen erschienen), nicht mehr ganz bewahren kann. In den letzten Jahren ist man, zumindest in der Schweiz, doch auf ihn aufmerksam geworden (auch in Italien kennt ihn seit längerem ein kleiner Kreis von Aficiondos, sein zweiter Lyrikband ist übrigens in Sardinien erschienen). Dieser Aufmerksamkeit verdankt sich ein (eher widerwillig gegebenes) Interview in «Viceversa Literatur» (2007) sowie ein längerer Aufsatz von Gilberto Isella in den *Quaderni Griogionitaliani* (2006, Nr. 3). Ein Band mit ins Deutsche übersetzten Erzählungen und Kurzgeschichten ist zwar schon 1989 in Zürich erschienen, die Gesamtübersetzung der drei ersten Gedichtbände liegt seit 1998 in französischer Sprache vor, aber von einem Durchbruch kann immer noch nicht die Rede sein. Liegt das vielleicht daran, dass Buletti doch eher ein Dichter für Liebhaber ist? Oder gar ein Liebhaber-, ein «Sonntags»-Dichter?

Man könnte wirklich meinen, viele seiner Gedichte seien an einem Sonntag geschrieben worden (und sind es wohl auch, denn Buletti war während der Woche mit seinen Schülern beschäftigt), denn sie kommen frisch, friedlich und schön frisiert daher, quasi im Sonntagskleid, und strahlen Sonne und Wärme aus, und warum auch nicht: Liebe, nicht zuletzt Liebe für Gio, seine Ehefrau und Muse, der er das Gedicht «Fragen», eines der schönsten dieser Auswahl, widmet:

> Wer hat dir *Zoccoli* gemacht,
> welche Stoffschuhen ähneln?
> So dass du, wenn du gehst
> und dich näherst, immer neue
> Schritte erfindest, im Schweigen
> einer lieblichen Arhythmie?
> Und noch
> eine einfache Frage, warum änderst
> du nicht deine Augenfarbe,
> da du ihr Licht doch änderst, das Staunen,
> die Ironie?

Hier gelingt es Buletti, zumindest *seinem* Staunen eine Stimme zu geben, dem Staunen eines Dichters, der das Staunen des Kindes bewahrt hat und der sicher um einiges weniger ironisch ist als seine Muse, der ich diese Übersetzungen widmen möchte. Der Abend, den ich in ihrer und ihres Mannes Gesellschaft verbringen durfte, ist mir unvergesslich und hat mir eigentlich erst den Schlüssel zu Aurelio Bulettis Poesie gegeben.

Dafür sei Giovanna Roncoroni Buletti ebenso bedankt wie Anne Broger, die diesen Band liebevoll lektoriert hat.

Christoph Ferber

I

Io cerco parole abitabili,
subito metto
in settenario bettola.

Ich suche bewohnbare Wörter:
gleich setze ich in einen
Siebenzeiler ein Wirtshaus.

Non neghi che la vita sia dura
– in questo i vecchi si dicono esperti –
ma ti sembra impossibile ridurla
a un unico attributo.

———————————

Du verneinst es nicht, dass das Leben schwer ist,
– das meinen die Alten zu wissen –,
aber dir scheint es unmöglich, es auf ein einziges
Attribut zu reduzieren.

Bambini giocano
È sera

Bambini giocano
È libera la sera
Domani a scuola

Bambini giocano
La sera sembra libera
Domani a scuola
Ne impareranno delle belle

È sera
Bambini!
Aprono le serali

Kinder spielen
Es ist Abend

Kinder spielen
Es ist freier Abend
Morgen in der Schule

Kinder spielen
Der Abend scheint frei
Morgen in der Schule
lernen sie – allerlei

Es ist Abend
Kinder!
Die Abendschule beginnt

Doppiamente le parole non sono
petrolio: uno: nel duemila
ce ne saranno ancora
e, secondo, non sgorgano con impeto.

Auf doppelte Weise sind die Wörter
kein Erdöl: erstens: auch im Jahr Zweitausend
wird es davon noch geben
und, zweitens, sie sprudeln nicht heftig hervor.

Orso mangia le bacche
a volte rosse
a volte nere
o di colori che solo lui conosce.

Lupo mangia le pecore
a volte nere
a volte bianche.

Cane mangia le ossa
a volte bianche.

E Ipo mangia a volte.

Bär frisst
manchmal rote, manchmal schwarze,
manchmal ihm nur
bekanntfarbene Beeren.

Wolf frisst Schafe,
manchmal schwarz
manchmal weiss.

Hund frisst Knochen,
die manchmal weiss sind.

Hypo frisst manchmal.

Affinché, mensilmente,
Iper contribuisca
alla Raccolta della carta straccia
per i bisogni delle Missioni,
per questo c'è
in qualche parte delle Indie Ipo.

Damit Hyper
für die Bedürfnisse der Missionen
pro Monat so und so viel Altpapier
sammelt, gibt's irgendwo in Indien
Hypo.

C'è chi nulla conosce oltre i paragrafi
dei successivi accordi sul caffè.
Della rabbia (e dei canti)
del campesino,
dell'avventura del cargo sull'Oceano,
della piccola pena di chi ignora
il chiasmo dolce delle quattro chiacchiere
incrociate in un bar,
non gli è dato sapere.

Es gibt Leute, die ausser den Paragraphen über die Folge-
abkommen zum Kaffee nichts kennen.
Die Wut (und die Lieder)
des Campesino,
die Abenteuer des Frachtschiffs auf hoher See
und die kleine Qual dessen,
der vom süssen Chiasmus eines schlichten
Kaffeehausgesprächs nichts weiss,
sind ihnen unbekannt.

C'è gente che si fonda
soltanto su principi superiori
e, sulla nuvoletta, lascia perdere
gli uomini.
C'è gente che si fonda
soltanto su principi superiori
e, dalla nuvoletta,
tiene a bada gli uomini.

Es gibt Leute, die sich nur
auf höhere Prinzipien stützen
und, auf der Wolke, die Menschen
vergessen.
Es gibt Leute, die sich nur
auf höhere Prinzipien stützen
und, von der Wolke, die Menschen
beherrschen.

Tu pensi che questa letizia
è troppo cantonale? Che non resisterebbe
oltre Gottardo e sotto Pontechiasso?
Certo non è la gioia radicale,
sale sul Brè, non ancora sul jet.

Du glaubst, diese Freude
sei zu kantonal? Sie würde sich
hinter dem Gotthard oder südlich
von Pontechiasso nicht halten?
Sicher ist's keine radikale
Freude, sie schafft's auf den Bré,
doch nicht auf den Jet.

LE VIRTÙ

La fede è
una virtù distratta.
La sera
non bada a dove lascia gli ideali,
il mattino che segue
non li ritrova e le vengono i dubbi.

La speranza è un po' sciocca;
giorno o notte non bada a risparmiarsi
segue ogni lumino, ogni traccia.

La carità intesa come amore
è scocciata con quelle due sorelle!
Deve fargli da madre, da padre, da compagna,
come se non bastassero i suoi guai.

DIE TUGENDEN

Der Glaube
ist eine zerstreute Tugend.
Am Abend
passt er nicht auf, wo er die Ideale hinlegt,
am Morgen darauf
findet er sie nicht und beginnt zu zweifeln.

Die Hoffnung ist nicht ganz klug;
Tag und Nacht schont sie sich nicht,
folgt jedem Lichtschein, folgt jeder Spur.

Die Liebe im Sinne von Nächstenliebe
wird von diesen beiden belästigt!
Sie muss ihnen Mutter, Vater, Gefährtin sein.
Als wäre sie nicht schon verzweifelt genug!

I PUNTI CERTI

I punti certi
si sentono precari.
Scelti fra tanti incerti,
smaltati, lucidati, lusingati,
vorrebbero sdraiarsi e riposare
e gli tocca star svegli, far da cardini,
da fari, da ripari,
se non vogliono perdere l'impiego.

DIE FIXPUNKTE

Die Fixpunkte
fühlen sich nicht ganz so fix.
Unter den weniger fixen wurden sie ausgewählt,
gewachst, gelackt und gestriegelt,
und möchten doch nichts als sich niederlegen und ausruhen.
Doch ihr Geschick ist: Wache zu halten, Angelpunkt,
Stützpunkt zu sein, Leuchtturm und Schutzturm zugleich,
wollen sie ihren Job nicht verlieren.

IL QUOTIDIANO

Non sempre il quotidiano ha la meglio:
allora si arrovella e si affatica
finché riacciuffa il raro.
Ma talvolta è stressato
e allora l'una tantum ci riprova.

DAS ALLTÄGLICHE

Nicht immer überwiegt das Alltägliche:
Zu sehr müht es sich ab, wird müde
und lässt dem Seltenen Platz.
Auch vergisst es sich manchmal im Stress
und das Einmalige schleicht sich ein.

CAUSE-EFFETTI

Gli alberi promuovono il vento
i passeri portano l'alba
le rondini il bel tempo quando volano alte
febbri leggere recano riniti
e tu provvedi parole che danzano.

URSACHE-WIRKUNG

Den Wind fördern die Bäume
die Morgenröte die Spatzen
Schönwetter bringen die Schwalben wenn sie hoch fliegen
den Schnupfen besorgt uns das Fieber –
für die tänzelnden Worte sorgst du.

TERZO INCOMODO

Certo i cigni di riva
non sembrano bestie felici.

Anatre più prolifiche e poco riverenti
contendono loro il boccone.

Senza contare il furto dei gabbiani.

DER UNGELEGENE DRITTE

Gewiss, sie scheinen nicht glücklich zu sein,
die Schwäne am Ufer.

Die fruchtbareren und weniger ehrerbietigen Enten
machen ihnen das Essen streitig.

Ohne die diebischen Möwen zu zählen.

PREGHIERA PICCOLA

Signore, sii cortese
coi morti di febbraio:
stanchi, non ce la fecero ad attendere
la nuova primavera,
ma te ne portano alcuni frammenti
per qualche giorno dolce temporivo.
Di due che conoscevo
ti piacerà l'arguzia, la bontà.

KLEINES GEBET

Sei gnädig, Herr,
mit den Februar-Toten:
müde, gelang's ihnen nicht
auf den Frühling zu warten,
doch bringen sie dir Fragmente
von lieblichen Vorfrühlingstagen.
Von zwei mir Bekannten
wirst du Scharfsinn und Güte zu schätzen wissen.

DOMANDE
per G.

Chi ti ha fatto zoccoli
che sembrano peduli?
Così che inventando
sempre nuovi passi
cammini, ti avvicini
in un silenzio di dolci aritmie.
E ancora,
una domanda semplice, perché
i tuoi occhi non mutano il colore
come ne muti la luce, l'ironia
lo stupore?

FRAGEN
für G.

Wer hat dir *Zoccoli* gemacht,
welche Stoffschuhen ähneln?
So dass du, wenn du gehst
und dich näherst, immer neue
Schritte erfindest, im Schweigen
einer lieblichen Arhythmie?
Und noch
eine einfache Frage, warum änderst
du nicht deine Augenfarbe,
da du ihr Licht doch änderst, das Staunen,
die Ironie?

STUDIO D'AMBIENTE

Qui (come altrove)
la provincia è ardua:
avvocati, architetti e frontalieri
con dispari mercede la modellano.
Pittori
molteplici la illustrano.
Scultori ne animano pietre.
E scrittori …

STUDIO D'AMBIENTE

Hier (wie anderswo)
ist die Provinz schroff:
Advokaten, Architekten, Grenzgänger
mit ungleicher Entlöhnung geben ihr Form.
Illustriert
wird sie von zahlreichen Malern.
Bildhauer beseelen ihre Steine.
Und Schriftsteller …

SOUVENIR

Da Cesenatico, dal suo porto canale
ti porterò i nomi di due barche:
Ange de mer e Pigrizia:
accostandoli andrai per ogni dove
con fierezza flessibile, con calma forza.

SOUVENIR

Von Cesenatico, von seinem Hafen-Kanal,
werde ich dir die Namen zweier Boote mitbringen:
Meeresengel und Trägheit:
nimmst du sie beide zusammen, gelangst du
mit biegsamem Stolz und mit ruhiger Kraft
überall hin.

A UN AMICO DI OLTEN

Antonio, le farfalle
spendono presto la vita che volano,
ma niente pare eterno
più dei loro percorsi
più dei battiti dolci delle ali
più del loro silenzio.
Per somiglianza occorre che scriviamo
poesie volatili, eterne e moriture:
altri incidano assi, bronzi, marmi
con parole perenni.

EINEM FREUND AUS OLTEN

Antonio, die Schmetterlinge
verzehren sich bald, wenn sie fliegen,
aber nichts scheint ewig,
es sei denn ihr sanftes Flattern,
ihr Kreisen, ihr Schweigen.
Weil wir ähnlich sind, wollen auch wir
flüchtige Verse schreiben,
dem Tode geweihte und ewige.
Andere mögen Balken,
Bronze und Marmor behauen
mit unsterblichen Worten.

INNUMEREVOLI PAGINE

L'uomo di Sens con l'abito gessato
sembrava un cameriere improbabile
– un passante volonteroso,
un originale laborioso,
il padrone medesimo sceso a dare man forte –:
l'avresti potuto vedere
di momento in momento
prendere le sue cose
ed andarsene
forse già fermarsi nella brasserie di fronte
– era aperta e vuota, ricordi? –
mettersi a un tavolino
o al lavoro anche lì
– certi non possono stare senza –
e invece portava piatti diversi
senza tregua, con calma, con dolcezza, senza fine:
così vorrei io
sembrarti un improbabile scrivano
– sempre sul punto di interrompersi –
e riempire di lodi
– invece –
innumerevoli pagine
dicendo
– per non citare che un soggetto –
la saggezza del viaggio
che passava due volte da Joigny
con differenti luci
su un unico fiume.

UNZÄHLIGE SEITEN

Der Mann von Sens mit dem steifen Kleid
war mir ein unwahrscheinlicher Kellner
– ein bereitwilliger Reisender,
ein arbeitsames Original,
der Besitzer vielleicht, der aushalf –:
er hätte aufs Mal
seine Sachen
mitnehmen und weggehen können,
auch nur bis zur Brasserie gegenüber
– sie war offen und leer, erinnerst du dich? –,
sich an einen Tisch setzen
oder auch gleich mit der Arbeit beginnen
– ohne hält's manch einer nicht aus –,
er aber trug Teller mit verschiedenen Speisen
ohne Rast, mit Ruhe, mit Grazie, endlos:
so möchte auch ich
dir als unwahrscheinlicher Schreiber erscheinen
– immer dabei, sich zu unterbrechen –
und mit Lobgesängen
– hingegen –
unzählige Seiten füllen
und – es sei nur ein Beispiel –
von der Weisheit der Reise
schreiben, die zweimal an Joigny vorbeiging,
mit verschiedenem Licht
an demselben Fluss.

UN BREVE SEGNO

Beati i ricchi
che popolano il lago
di vele bianche:
che le sospinga il vento fino a sera
ti terrò fra le braccia sulla riva:
se di loro sarà qualsiasi regno
di noi non resterà che un lieve segno
tanto dolce fu il giorno, tanto alto.

EIN LEICHTES ZEICHEN

Selig die Reichen,
die den See mit weissen
Segeln bevölkern:
dass sie der Wind bis zum Abend begleite,
halt ich am Ufer
dich fest in den Armen:
ein jegliches Reich sei das ihre,
von uns wird nur bleiben
ein leichtes Zeichen,
so lieblich war, und erhaben, der Tag.

II

RICHIESTA

Nessun incaglio fermi
questa smilza barchetta di parole
sulla quale io lieto
remo e canticchio
per recarti due doni: questa luce
che qui vedo scrivendo
e il suo ricordo.

BITTE

Kein Hemmnis hindere
diese schmale Wortbarke,
in der ich heiter
vor mich hin singe und rudere,
um dir ein doppeltes Geschenk
darzureichen: das Licht,
das ich beim Schreiben sehe
und später in der Erinnerung.

SOLO SE FOSSE

Non lascia impronta lo spedito passo
di questa lieve cosa che ti scrivo
solo se fosse neve la sua strada
potresti ricomporre il suo cammino
solo se fosse sabbia la sua spiaggia
potresti ritrovare il punto esatto
in cui esce dal mare
e mare vuole dire il regno grande
dove vorrei trovare sempre nuove
cose lievi da scriverti.

NUR AUF EINEM SANDSTRAND

Keine Spur hinterlässt der eilige Schritt
dieses leichten Gedichts, das ich dir schreibe,
nur bei Schnee könntest du seinen Weg
zurückverfolgen, nur auf einem Sandstrand
den Punkt wieder finden,
an dem's aus dem Meer tritt,
und Meer heisst das grosse Reich,
wo ich immer neue
leichte Gedichte für dich
finden kann.

CAPANNA

Se c'è qualche riparo
in parole disposte
nella forma dei versi,
se c'è qualche silenzio,
ti scrivo e ti distolgo
da rumori e fatiche
in un riparo semplice
di frasche settenarie.

HÜTTE

Falls es in Wörtern, die vers-
förmig angeordnet sind,
eine Art Schutz geben soll
und vielleicht etwas Stille,
schreibe ich dir und verschon
dich vor Lärm und vor Mühen
unter einem Schutzdach von
siebensilbigen Zweigen.

UNA POESIA PUÒ NASCONDERNE UN'ALTRA

Le parole, ribelli o stanche o assenti
certe volte faticano a disporsi
e forse gli fa rabbia
questa forma costretta.

Ora le esorto
e cerco di convincerle,
lo facciano per te, per dirti bella:
fammi sapere se poi mi ascoltarono.

IN EINEM GEDICHT KANN SICH EIN ANDERES VERSTECKEN

Die Wörter, aufmüpfig oder müde oder abwesend,
finden es manchmal lästig, sich einzuordnen,
oder vielleicht ärgert sie nur
diese beengende Form.

Nun aber fordere ich sie auf,
versuche ich sie zu überzeugen,
für *dich* sollen sie es tun; du bist schön, sollen sie sagen:
lass es mich dann wissen, ob sie mich angehört haben.

VIA FERRI

Esattamente dove te ne stavi
salutandomi lieta e malinconica
– ogni distacco anche breve ci dispiace –
immagino che cresca
un giovane albicocco graziosissimo
delizia dei passanti
e sorriso del giorno.

VIA FERRI

Genau, wo du standest
und froh und wehmütig von mir Abschied nahmst
– jede auch noch so kurze Trennung bereitet uns Kummer –,
stelle ich mir nun vor,
wachse ein junger geschmeidiger Aprikosenbaum
den Passanten eine Freude
und ein Lächeln dem Tag.

ERA MARZO

Ricordo,
guardavi stupita il giardino,
dal marciapiede, come una passante,
quel tuo piccolo luogo pigramente ridente.
Hai detto: «È un anno di primule.
Così tante non ne avevo mai viste.»
Era marzo.
Guardavi stupita il giardino,
guardavi un po' severa,
non volevi sbagliarti,
non volevi vantarti.
Creavi quel prodigio nominandolo.

ES WAR MÄRZ

Ich erinnere mich:
verwundert schautest du im Vorbeigehen
vom Gehsteig aus auf den Garten,
jenen kleinen, träg lächelnden Ort,
und sagtest: «Es ist ein Jahr voller Primeln.
So viele habe ich noch nie gesehen.»
Es war März.
Verwundert schautest du auf den Garten,
du schautest ein wenig besorgt,
du wolltest dich nicht irren,
du wolltest dich nicht brüsten.
Das Wunder erschufst du, indem du es nanntest.

IPOTESI SU UNA DOMENICA

Forse una domenica
non avrà nostalgia
nella sua sera.
Sarà una vigilia
di un lunedì di festa
o un semplice disguido
della memoria del tempo che passa?
O un'altra grazia?
Poco importa il perché,
basta che, se succede,
io sia vicino a te.

VERMUTUNGEN ÜBER EINEN SONNTAG

Vielleicht hat ein Sonntag
an seinem Abend
keine Wehmut.
Weil der Montag
ein Festtag ist
oder weil das Gedächtnis
das Vergehen der Zeit
einfach vergisst.
Oder wär's eine andere Gnade?
Ist ja gleichgültig, die Hauptsache,
dass, wenn es so ist,
du bei mir bist.

SIA DI STELLE CHE BUIA

E' troppo presto ancora
per dire se domani
sarà tempo di pioggia.

Sparse nuvole affrettano
il silenzio del sole
ma forse è per gioco.

Ti prego, torna in fretta.
Sia di stelle che buia,
la notte è più bella

con te.

ALS STERN ODER DUNKEL

Es ist noch zu früh zu sagen,
ob es morgen
schon regnet.

Hinter zerstreuten Wolken
schweigt wohl die Sonne,
doch vielleicht ist's ein Spiel.

Ich bitte dich, komm bald zurück,
als Stern oder dunkel,
die Nacht ist schöner

mit dir.

SCRIVERE

Talvolta c'è soltanto il desiderio
di posare sul foglio le parole
e mancano le immagini:
forse d'inverno un melo similmente
desidera fiorire,
forse di notte un merlo originale
desidera cantare,
forse un errante solo a un lieto desco
desidera venire.

SCHREIBEN

Zuweilen ist nur der Wunsch da,
Wörter aufs Blatt zu bringen –
und es fehlen die Bilder:
ähnlich dem Apfelbaum,
der im Winter von Blüten träumt,
ähnlich der vorwitzigen Amsel,
die schon nachts singen möchte,
ähnlich dem einsamen Irrenden,
der sich an einen fröhlichen Tisch sehnt.

UMANA ESTATE

Esemplare l'autunno:
con tutte le sue morti si colora
come se fosse festa.

Esemplare l'inverno:
con tutte le sue notti si festeggia
come se fosse luce, la più grande.

E come non lodare
la lieve primavera
levatrice dei nuovi che rinascono?

Umana estate,
lascia che nel tuo caldo ritroviamo
qualche nostra invincibile *faiblesse:*
o qualche troppo o qualche troppo poco
o il cercare l'assenza del travaglio
su qualche pigra sabbia
o il camminare a lungo senza obbligo
come se il tempo non avesse fine.

MENSCHLICHER SOMMER

Beispielhaft ist der Herbst:
in seinem Sterben
färbt er sich festlich.

Beispielhaft ist der Winter:
in seinen Nächten feiert er
ein einziges grosses Licht.

Und wie den leichten
Frühling nicht loben,
der die Neuen wieder auferstehen lässt?

Menschlicher Sommer,
gib, dass wir in deiner Hitze eine *Faiblesse*
erkennen, eine unüberwindliche
Schwäche von uns,
oder ein Zuviel oder ein Zuwenig
oder die Suche nach dem Ausbleiben
der Mühsal auf einem trägen Strand,
oder lass uns einfach ohne Zwang
gehen und weitergehen, als wäre die Zeit ohne Ende.

PARTI DEL GIORNO

Forse pensa di sé ciascuna sera
che sarà l'ultima, la conclusiva
e del giorno si sente testamento,
spesso si veste di malinconia:
anche di questo l'alba si fa sveglia.

Bisognoso di essere fratello,
non ha il mattino simili pensieri.

Il pingue mezzogiorno si dà tregua.

Il pomeriggio talvolta si perde
altre volte è allegro e ride lieto.

TEILE DES TAGES

Vielleicht denkt jeder Abend von sich,
er sei der letzte, der abschliessende,
und glaubt, Testament des Tages zu sein.
Oft zieht er Trauer an
und färbt damit den erwachenden Morgen.

Der Vormittag braucht nur Bruder zu sein –
und denkt nicht mehr daran.

Der träge Mittag kennt nur die Rast.

Der Nachmittag verliert sich manchmal,
doch manchmal ist er fröhlich und lacht.

COSE CHE CIASCUNO FA

È raro che la pioggia sembri bella.
Utile sì, ma rapida alla noia:
e mentre cade ciascuno bisbiglia
benedizioni di fratello sole.
Però ciascuno spera
che duri a lungo il tempo quando spiove
e la speranza è quasi una certezza,
ma ancora sta sospesa
e aspetta che l'azzurro si dichiari.

WAS JEDER MACHT

Es ist selten, dass der Regen gefällt.
Er bringt neben Nutzen auch Langeweile:
und während er fällt, flüstert ein jeder
Bruder-Sonne-Gebete.
Hingegen hofft jeder,
das Wetter bleibe so, wenn es aufhört
zu regnen – und die Hoffnung
wird fast eine Sicherheit,
doch bleibt sie vorerst in der Schwebe
und wartet, bis das Blau sich erklärt.

PASSANTI

Ci sono giorni in cui sembrano tanti
i passanti contenti,
giorni invece nei quali
pochi sono festosi, tanti tristi.

Non è dato sapere se contenti
sono sempre gli uni,
sempre tristi gli altri
o se si mischiano in turno benigno.

O se chi guarda varia la misura
o si inventa le cose
e vuole consolarsi
o sentirsi poeta umanitario.

PASSANTEN

An gewissen Tagen seh ich sie glücklich,
die Passanten,
an anderen hingegen
seh ich fast alle bedrückt.

Ich weiss nicht, ob glücklich
immer die einen sind
und bedrückt immer die anderen
oder ob sie sich turnusgemäss vermischen.

Oder ob, wer sie beschaut, jeweils das Mass
ändert oder es einfach erfindet –
oder ob er sich, humanitärer Dichter,
nur damit tröstet.

PREGHIERA

Dio, fatti peppola, figlio dell'uovo,
riconoscilo: è fragile la vita,
è canora, leggera, provvisoria.
Trema anche tu se il vento scuote l'albero.

Dio, fatti albero, figlio del seme,
lascia che, fatti peppole, sostiamo
fra le tue sante foglie, al tuo Riparo.

GEBET

Gott, werde Fink, der aus dem Ei schlüpft,
gesteh es: das Leben ist brüchig
und klangvoll, leicht, provisorisch.
Zittere mit, wenn der Wind durch den Baum weht.

Gott, werde Baum, der dem Samen entspringt,
lass uns, wenn auch wir Finken sind,
zwischen deinen heiligen Blättern, in deinem Schutz, ruhen.

APPUNTO DI VIAGGIO

C'è un momento del giorno nella sera
nel quale si fa certa un'altra notte:
vi si raggruma la malinconia
della vita che naviga
vi ricomincia la buona allegria
della nave che vive:
come vedemmo a Tellaro, La Spezia.

REISENOTIZ

Es gibt einen Augenblick,
jeden Tag, gegen Abend,
in dem eine neue Nacht
Sicherheit wird:
die Wehmut des Lebens
zieht sich zusammen
und wird lachendes,
auflebendes Schiff,
wie wir's in Tellaro sahen,
Provinz La Spezia.

DISUGUAGLIANZA

Non è un angelo un passero:
più corto è il suo destino,
più dura, che si sappia, la sua vita,
meno ampie le ali,
ma sicuro il suo esserci,
custode di allegria.

UNGLEICHHEIT

Nein, Spatzen sind keine Engel:
ihr Schicksal ist kürzer;
und härter, soviel man weiss,
ihr Leben. Ihre Flügel
sind weniger breit, doch gesichert
ist ihr Dasein und ihre Heiterkeit
ansteckend.

GOCCE

Volendo
ogni amarezza
è assente dai versi
resta sospesa
altrove.

Non manchi
in ogni modo
a chi fa poesia
per l'esile vita
pietà.

Un passero
beccuzza lieto
e qui lo si festeggia
e fuori incombe
pericolo.

Bambini
ridono forte
ne trepida la carta
come sarà
per loro?

TROPFEN

Man kann
auch Verse ohne Bitterkeit
schreiben –
sie bleibt
anderswo hängen.

Dem Dichter
fehle es
nur nicht
an Mitgefühl
für die Kleinen.

Ein Sperling
pickt fröhlich
und festlich,
während draussen
Gefahr droht

Laut
lachen Kinder:
mein Blatt erzittert –
was wird einst
aus ihnen?

**IMMAGINARE CHE IL TEMPO SIA
SFINITO E SCRIVERE COSA PUÒ SUCCEDERE**

Avviato il mattino,
il tempo si disperde nei ricordi,
non ragiona, rammemora,
lo coglie impreparato il mezzogiorno,
lo invita alla sua mensa,
ma glielo fa pesare: allora cerca
di ridarsi un contegno, si fa attento,
ma verso sera è stanco, piano chiede
di essere sospeso per la notte.

**SICH VORSTELLEN, DIE ZEIT SEI
ERSCHÖPFT, UND SCHREIBEN, WAS DANN
PASSIEREN KANN**

Wenn der Morgen
einmal begonnen hat, verliert sich die Zeit
in Erinnerung.
Sie denkt nicht nach, sie gedenkt.
Der Mittag überrascht sie
und lädt sie zu Tisch. Doch nicht
ohne lähmende Wirkung: sie nimmt
also Haltung an, gibt vermehrt Acht,
doch gegen Abend überkommt sie der Schlaf:
sie bittet leise, dass man sie über Nacht
aufhebt.

DIRE QUALCOSA ALLA SIGNORA SERA

Ti prego, fatti bella,
uno di questi giorni,
nella notte dilungati.

SAGEN SIE ETWAS ZU FRAU ABEND

An einem der nächsten Tage
mach dich – ich bitte dich – schön,
verlängere dich in die Nacht.

Ci faccio: ciao bella!
Mi dice: te chi sei?
Ci rispondo:
ma non mi conosci, oci bei?
Mi ribatte: mai visto!
Ci faccio: non insisto.

Ich sag ihr: Tschau, Schöne!
Sie fragt: Wer bist du?
Du erkennst mich nicht,
Mädchen?
Ich hab dich doch nie gesehen!
Ich will nicht darauf bestehen!

L'o saputo a memoria
sia l'o di meraviglia
e l'o dimenticato
sia l'o di dolore.

Und ich hab's im Gedächtnis,
das U von Wunder,
das U von verschwunden,
das U! wenn es weh tut.

Rotuli giò per 'na brüga da muntagna.
So mia indua fermamm.
A ciami: timo!
A ciami: magiurana!
Ma rispund ul prufüm.
Ma 'l ma tegn mia.
Alura a ciami: mama!

―――――――――

Ich rolle den sanften Berghang hinunter.
Wo soll ich nur halten?
Ich rufe: Thymian!
Ich rufe: Majoran!
Vom Duft krieg ich Antwort.
Doch er hält mich nicht auf.
Da rufe ich: Mama!

RARO, COMUNE

Pochi d'estate
attendono la luce sulla soglia;
d'inverno sono molti
i seguaci di Aurora,
i più, inconsapevoli.

SELTEN, GEWÖHNLICH

Nur wenige erwarten im Sommer
auf der Schwelle stehend die Sonne;
im Winter gibt's viele
Aurora-Jünger,
nur wissen sie es
nicht immer.

PREFERENZA

Sparsi uccelli cantavano,
rari, tenaci,
nel caldo mezzogiorno
ugualmente vivaci.
Similmente a qualcuno
felicità non basta se aurorale,
la desidera al colmo della luce.

VORLIEBE

Seltene, hartnäckige
Vögel
sangen im heissen Mittag
genau so lebendig.
Ähnlich genügt dem einen
nicht die Frühzeit des Glücks,
er will's in der Fülle des Lichts.

RICHIESTA

E così sia, notte: non passare in un amen,
ma concediti ampia a chi ti ama
e in te cerca ristoro,
cerca più lieto
mattino.

BITTE

So sei es, Nacht: vergeh nicht im Nu.
Breit' deine Arme aus und umfange den Liebenden,
der in dir Stärkung sucht
und mehr Freude
am Morgen.

PESSIMISMO

Sole, precaria stella.

PESSIMISMUS

Sonne, unsicherer Stern.

CARE SOSTE

Celermente procede
nostra signora vita:
o, care soste, abbracci.

GELIEBTE PAUSEN

Frau Leben
hat's eilig:
wie lieb' ich die Pausen!

28. 2.

Nevica
nel bianco si riposa, lievemente
l'amorosa, l'inquieta che chiamiamo
vita.

28. 2.

Es schneit.
In Weiss ruht nun leise
was wir das verliebte, rastlose
Leben nennen.

UN SABATO MATTINA, DAVANTI ALLA MIGROS

Quasi un arco, il corpo
– quasi un cerchio, la vita –
una donna, è vecchia, sorride,
che cammina affrancata a un carrello,
merli cantano ancora, dall'alba,
un battello è già uscito sul lago,
gli angeli ci invidiano
una tale speranza.

AN EINEM SAMSTAG MORGEN, VOR DER MIGROS

Fast ein Bogen, der Körper
– fast ein Kreis, das Leben –,
eine Frau, sie ist alt, schiebt
befreit und erleichtert
einen Einkaufswagen und lächelt,
seit Tagesbeginn singen Amseln,
ein erstes Schiff sticht in See,
die Engel beneiden uns
um diese Zuversicht.

TEST

D'inverno i sempreverdi
le sembrano: a, timorosi;
b, superbi e scontrosi;
malinconici, c;
d, allegri; e, tranquilli;
f, invidiosi?
Valuti il risultato della scelta.

TEST

Die Immergrünen,
wie erscheinen sie Ihnen
im Winter: a, furchtsam;
b, reizbar und überheblich;
c, melancholisch;
d, fröhlich; e, schweigsam,
f, neidisch?
Bewerten Sie das Ergebnis
Ihrer Auswahl.

BREVITÀ È UN LIMITE

Parole come fossero sorprese,
pattuglie di disperse pellegrine:
non sanno, non avranno
nessuna terrasanta di poema
né santiago di inno.
Al poeta dispiace, frammentario.

KÜRZE ALS GRENZE

Worte, als wären es Überraschungen,
Pilger in vereinzelten Grüppchen:
doch kein Heiliges Land, kein Poem,
kein Santiago, kein Hymnus in Sicht.
Dem fragmentarischen Dichter
tut's leid.

AUT AUT

Talmente poco scritta sembra nuda,
se scrivere è vestire,
infagottata, se scrivere è spogliare.

ENTWEDER-ODER

Wenn schreiben kleiden bedeutet,
scheint uns wenig geschrieben: nackt,
bedeutet's entkleiden, scheint's uns: vermummt.

IL SUO SCRIVERE

Il poeta s'interroga
su cosa sia il suo scrivere:
forse è fede, o preghiera,
di armoniosa sostanza,
forse soltanto ornato,
cornice di dipinto inconoscibile,
forse amoroso cenno.

SEIN SCHREIBEN

Der Dichter befragt sich
über sein Schreiben:
vielleicht ist es Glaube, oder Gebet,
in Erwartung des Gleichklangs,
Verzierung vielleicht, oder Rahmen,
nicht zu erkennende Zeichnung,
Berührung durch Liebe.

MALGRADO LE INTENZIONI

Il verso vuole splendere
stare senza difetto
e distinto, virtuoso:
però può farlo caro
qualche stanchezza, qualche lieve smusso.

TROTZ ALLER ABSICHT

Der Vers will glänzen,
will makellos sein,
und wirksam, gekonnt:
doch eine kleine Unebenheit,
eine Nachlässigkeit mag ihm gut anstehen.

SPOSE

Andate spose ai versi
le parole si interrogano
sopra il loro destino:
dare sostanza e suoni,
ricevere che cosa, l'armonia?

BRÄUTE

Bräute der Verse,
befragen die Worte
ihr Schicksal:
wir gäben Klang und Substanz
und bekämen dafür Harmonie?

MALE MINORE

Le parole si sprecano? E che dire
se noi tutti restassimo
muti testardi?
Se solo con il corpo esternassimo,
nudi i sinceri a oltranza,
intabarrati i falsi.

KLEINERES ÜBEL

Man vergeudet nur Wörter? Und was,
wenn wir alle
stumme Starrköpfe blieben?
Wenn wir uns nur mit dem Körper äusserten,
die Überehrlichen nackt
und die Oberfalschen vermummt?

MEMENTO!

Le graziose signore che fra gli alberi
della nostra città
o fra i semplici umani
appaiono ed esistono passando
non sono fatte di queste parole,
ma di loro medesime
e a meraviglia.

MEMENTO!

Die lieblichen Damen,
die zwischen den Bäumen
unserer Stadt
oder auch nur zwischen Menschen
einhergehen,
leben aus sich selber,
auch ohne diese Worte
sind sie bezaubernd.

PUDORE

Si scrivano leggere
le parole che cantano:
alto soltanto suoni
il lamento dei poveri.

SCHAM

Man schreibe sie leicht,
die Worte, die singen:
hoch allein klinge
das Lamento der Armen.

RISCONTRO

Immaginiamo l'alta meraviglia
di Colui che ci fece
a sua somiglianza
nell'atto di conoscersi
esplorando Se stesso negli umani.

NACHPRÜFUNG

Stellen wir uns die hohe Verwunderung
Desjenigen vor, der uns
nach seinem Ebenbilde
geschaffen hat,
wenn er sich wiederfindet
auf der Suche nach Sich selbst
in den Menschen.

PRESUNTA PETIZIONE DEGLI ANGELI

I sotto stretta angeli
(ove stretta è la luce del supremo)
domandano per grazia di discendere
e di legarsi a un corpo
umano onde provare
vera vita, terrena.
Pur coscienti dell'esito.

VERMUTETE PETITION DER ENGEL

Die an Enge leidenden Engel
(wobei Enge das göttliche Licht ist)
bitten um die Gnade auf die Erde
hinabzusteigen
und sich mit einem menschlichen
Körper zu vereinigen, damit sie
das wahre, irdische Leben kosten,
wohl wissend, was für ein Ende
es nimmt.

20.6.2003

Sulla spiaggia la grazia
si affida alle bagnanti:
specie a certe di cui non si potrebbe
differenziare l'anima dal corpo.
Volonterosi uomini
sono loro devoti.

20.6.2003

Badenden Frauen
vertraut heut die Grazie:
von gewissen wüsste man nicht
wie sie aufteilen in Seele und Körper.
Willige Männer
sind ihnen ergeben.

POESIA SPICCIA

La gioia è proletaria,
ricca soltanto
di ciò che mette al mondo,
il dolore è borghese,
ha sempre qualche entrata.

KURZ UND BÜNDIG

Die Freude ist proletarisch,
ihr Reichtum:
was sie zur Welt bringt.
Der Schmerz: er ist bürgerlich
und bringt immer was ein.

SIMILMENTE

Alla fin fine
l'amore è imperscrutabile e indicibile,
ma nel tragitto
quale fitta sostanza di parole;
similmente la vita:
in ultimo mistero, però madre
dei mille e mille discorsi e racconti.

ÄHNLICH

Am Ende ist Liebe
nicht zu erfassen und nicht zu sagen,
auf dem Weg aber
welch dichteste Wortsubstanz;
ähnlich das Leben:
zuletzt Geheimnis, doch Ursprung
endloser Gespräche, endloser Erzählungen.

TESTARDO

Pare fin troppo comodo, talvolta,
lodarti con soltanto le parole,
però non so dipingere, scolpire,
far musica, danzare
e non posso tacerti, mia graziosa.

STARRKÖPFIG

Vielleicht ist es manchmal doch sehr bequem,
dich nur mit Worten zu loben,
doch ich kann weder zeichnen noch malen,
noch Marmor behauen, Musik machen, tanzen,
und, meine Reizende, auch nicht von dir schweigen.

SPEEDY POEM (OR GONZALES)

Ho un progetto: che tu
mi chiami sul portatile,
lasci squillare un trillo,
io capisco, ti scrivo una poesia
(s'intitola: *Lo vedi quel garbuglio
come pare si districhi leggero?)*
e poi te la consegno di persona.

SPEEDY POEM (OR GONZALES)

Ich hab etwas vor: dass du mich
auf dem Handy anrufst,
es nur einmal trillern lässt,
ich verstehe und schreibe dir ein Gedicht
(sein Titel: *Du siehst doch, wie sich das Wirrwarr
scheinbar leise entwirrt?)*
und überreiche es dir dann persönlich.

EQUAZIONE

Della stessa sostanza del tuo ridere
è la forma del giorno
quando felice sguscia dalle ore.

GLEICHUNG

Aus der gleichen Substanz wie dein Lachen
ist die Form des Tages,
wenn er glücklich den Stunden entschlüpft.

BAR MONTI

Seduti a un tavolino,
manchevoli di briciole,
nulla donammo ai passeri chiedenti:
fu il loro un iter di sola speranza.

BAR MONTI

Wir sassen an einem Tischchen,
doch hatten wir keine Krümel:
wir konnten den Spatzen nichts geben.
Sie hofften und baten vergebens.

GHIRIGORI

Hai compreso l'essenza:
per questo non le neghi
tutti i suoi ghirigori.
Benedetta, con te è bello ridere
sul serio.

SCHNÖRKEL

Das Wesentliche verstehst du:
deswegen stören dich nicht
seine Schnörkel. Von Gott
bist du gesegnet. Und im Ernst:
mit dir ist gut lachen.

ALBERI

Ci fermammo a guardarci:
ero lo storto larice
e tu l'abete dritto,
vicini di terreno dentro il bosco
dove camminavamo:
ci vedevamo in specchio veritiero.

BÄUME

Wir hielten inne und schauten uns an:
ich war die gebogene Lärche
und du die aufrechte Tanne,
Boden-Nachbarn im Wald, wo wir wanderten:
und der Spiegel,
in den wir schauten, war wahr.

INCONTRO

Non ciascuno stupore è senza voce
e così ti parlai.

BEGEGNUNG

Nicht jedes Staunen ist ohne Stimme
und so hab ich dich angesprochen.

OGNI SABATO SERA

La tavola materna non aveva
lussi, noi mangiavamo l'amoroso
usuale, le treccia del signor
Faul ogni sabato sera compiva
nel suo sigillo il buono.

JEDEN SAMSTAGABEND

Ohne Luxus war der Tisch
meiner Mutter, aber zubereitet
war alles mit Liebe. Der Zopf des Herrn Faul
gab jeden Samstagabend dem Ganzen
das Gütesiegel.

NON DI SOLO FAUL

Non di solo Faul si viveva:
un altro panettiere
si chiamava Camozzi:
dopo ciascuna notte nel prestino
l'uno e l'altro ambulanti:
renitente al silenzio,
il primo raccontava,
il secondo più spiccio, più di fretta
non negava un sorriso.

NICHT NUR VON FAUL

Man lebte nicht nur von Faul:
ein anderer Bäcker
hiess Camozzi:
in den frühesten Morgenstunden
hielten beide ihr Brot feil:
leutselig erzählte
der erste Geschichten,
wortkarger und eiliger
beschränkte der zweite sich
auf ein Lächeln.

PRIVILEGIO

Io, unico fra i miei, più di una volta
fui seduto alla mensa generosa
del panettiere Lanzi
e di sua moglie, in Cevio:
abbondanza e bontà
di racconti e di cibi.

PRIVILEG

Als einziger der Familie sass
ich mehr als nur einmal in Cevio
am üppigen Tisch des Brotbäckers
Lanzi und seiner Frau:
Fülle und Güte von Speisen
und Anekdoten.

FOSSE SOLO

Coloro che procedono gagliardi
non è detto non abbiano dilemmi,
certezze evanescenti, densi crucci,
ma fosse solo il loro passo elastico
a renderli orgogliosi
come potremmo non complimentarli?

ABER WÄRE ES NUR

Diejenigen, die forschen Schrittes einhergehen,
wer weiss, ob sie nicht auch von Zweifeln gequält werden,
von mangelnder Sicherheit, nagendem Kummer,
aber wäre es nur ihr elastischer Schritt,
der sie so stolz einhergehen lässt,
dann wüsste ich nicht, warum wir sie nicht beglückwün-
                                                    schen sollten.

ALTRE ANCORA

Siamo talvolta vuoti
senza quasi saperlo;
ci soccorre lo scarto
di qualche fitta storia raccontata
da voce amica o fino ad ora ignota
e, come nuova, cara.

Altre misericordie:
una farfalla indaffarata o in volo
all'apparenza lieta in breve vita,
graziosa maestà e movimenti
d'albero, pietra bella. Altre ancora.

UND NOCH ANDERES

Gelegentlich sind wir leer
und wissen es nicht;
dabei hilft uns das, was aus einer dichten
Geschichte zurückbleibt, die uns
eine liebe Stimme erzählt hat, oder eine,
die uns unbekannt, neu und doch lieb ist.

Noch anderes Mitleid:
ein fliegender oder beschäftigter Falter,
leicht, wie es scheint, in seinem kurzen
Dasein, lieblich-erhaben, ein Baum
in Bewegung, schöner Stein, und noch anderes.

ANGELUS MINOR

Le parole qui unite
in versi settesillabi
concorrono alla festa
del giorno che riprende:

con tutti i suoi dolori
ancora si difende,
con tutti i suoi spessori
ancora si sorprende:

la speranza di giungere
al signore crepuscolo
non essa sola vale,
altre graziose insistono.

ANGELUS MINOR

Die hier zu Siebensilblern
vereinten Worte treffen
zur Feier ein des Tages,
der, sich erneuernd, anhebt:

Trotz seiner Schmerzen wehrt er,
verteidigt er sich weiter,
trotz seiner Dichte kehrt er
zurück, sich zu verwundern:

Den Herrn der Morgenröte
zu sehn, ist all sein Hoffen.
Doch ist es nur dies eine?
Noch Lieblicheres lockt ihn.

SIA RESO GRAZIE

Sia reso grazie a voi
artisti fratellastri senza pace,
intenti a figurare della vita
il puro dramma, i guasti
e, parimenti, siate benedetti
rari, amorevoli umoristi, voi
assorti, in aria e in corpo
di allegrezza e pietà,
nel raddrizzarne il torto.

GNADE ÜBER EUCH

Gnade über euch,
ruhelose Künstler und Halbbrüder,
die ihr das reine Drama des Lebens,
seine Schadstellen, figürlich
darstellt, und ebenso
werde euch Segen zuteil, Humoristen
mit Liebe, die ihr darin
vertieft seid – in Luft und Leib
Frohmut und Mitleid – das Ungrade
grade zu machen.

DUE FIGURE RETORICHE

Non so se sei la parte per il tutto
o il tutto per la parte,
mia signora sineddoche:
il chiaro tratto certo
che sta per l'insondabile disegno
o l'integro destino
che sta per ciascun giorno;
la pianta di un ciliegio a primavera
che sta per l'esistente
o la vita, la vita
che sta per ogni rondine partente.
Ma so senza quesiti
che tu sei, benedetta,
mia signora ironia.

ZWEI RHETORISCHE FIGUREN

Ich weiss nicht, ob du der Teil für das Ganze bist
oder das Ganze für einen Teil,
meine gnädige Dame Synekdoche:
sicher der klare Strich,
der für die unergründliche Zeichnung steht
oder das intakte Schicksal
für jeden einzelnen Tag;
ein Kirschbaum im Frühjahr,
der für das Dasein
oder das Leben steht, das Leben
für jede entfliegende Schwalbe.
Aber ohne Fragen zu stellen,
weiss ich, dass du gesegnet bist,
meine gnädige Frau Ironie.

L'INCORPOREO PESO DELLE CINCE
(Val Roseg, poi Sils, dicembre 2002)

L'incorporeo peso delle cince
che sulla mano tesa per un poco
sostano beccuzzando i grani giusti
(non si diano briciole di dolci
o di cibo salato)
è più lieve del suono delle ali
che frullano nel volo col bottino:
e del quasi rimbombo che sui rami
producono caparbie
liberandone il buono.

DAS UNKÖRPERHAFTE GEWICHT DER MEISEN
(Rosegtal, dann Sils, Dezember 2002)

Das unkörperhafte Gewicht der Meisen,
die sich auf der ausgestreckten Hand einen Augenblick
niedersetzen und die richtigen Körner picken
(man gebe keine Krümel von süssen
oder gesalzenen Speisen),
ist leichter als der Laut der Flügel,
wenn mit der Beute im Schnabel sie losfliegen,
und vielleicht sogar leichter als das lebhafte
Geräusch auf den Zweigen, das sie hartnäckig
verursachen, wenn sie die Hülsen entfernen,
um das Gute darin zu essen.

INTERVISTA AL POETA

Desideri la fama?

Se fosse come un'orma sulla neve
in un giorno in cui nevica,
chiara, ma non durevole, fuggiasca.

E sei sincero?

Se non lo sono, mento
candidamente.

Ma non pensi agli applausi?

E dovrei diventare
un reverendo ad ogni tè sospinto?

*Dici, come la volpe della favola,
acerba l'uva alta?*

DICHTERINTERVIEW

Wünschen Sie Ruhm?

Wenn Ruhm eine Spur im Schnee ist,
an einem Tag mit Schneefall,
klar, nicht dauerhaft, flüchtig.

Sind Sie ehrlich?

Wenn ich es nicht bin, lüge ich
sternklar.

Aber denken Sie an den Applaus?

Wie ein Hochwürden,
wenn ihn Damen zum Tee laden?

*Glauben Sie, wie der Fuchs in der Fabel,
die Traube, die hoch hängt, sei unreif?*

ILLUMINAZIONE

Il pesce sa dell'amo all'improvviso,
senza preparazione. In più, talvolta,
l'esperto precettore lo conduce
a intendimento con un'esca finta.

ERLEUCHTUNG

Der Fisch lernt die Angel plötzlich
und unvorbereitet kennen. Zur Erkenntnis
führt ihn der erfahrene Lehrer aber auch
mit fingiertem Köder.

RENDICONTO

I poeti operosi, anche oggi,
di nuovo, hanno cercato
di dire l'indicibile:
i più
a sera sono ancora quasi muti,
contano sulle dita
scarse sillabe, schegge.

BILANZ

Die arbeitsamen Dichter
haben auch heute wieder versucht,
das Unsagbare zu sagen:
die meisten
sind auch am Abend noch stumm,
an ihren Fingern zählen sie
Wortsplitter, vereinzelte Silben.

NACHWORT

Dante unterscheidet in seiner Poetik zwischen *fantasia* (Phantasie) und *imaginativa* (Vorstellungskraft, hier vielleicht besser: Erfindungsgabe). Phantasie wird verstanden als Fähigkeit, welche dem Intellekt die Darstellung einer Vision gibt, damit er sie erkenne. Und die Erfindungsgabe, wie aus dem dritten Gesang des *Fegefeuers* hervorgeht (Verse 13 ff.), entreisst uns zuweilen der Wirklichkeit, und zwar auf eine Weise, dass ...

Fantasia und *imaginativa* wirken – genuin und diskret – auch in Aurelio Buletti, einem zeitgenössischen Dichter aus dem Tessin, der nach Jahrzehnten, die er im Schuldienst verbracht hat (er unterrichtete Kinder und Jugendliche im schwierigen Alter zwischen 11 und 15 Jahren), unlängst pensioniert wurde. Phantasie und Erfindungsgabe in Bulettis Schreiben, das vor mehr als dreissig Jahren begann, sind aber nie gekünstelt oder gar forciert, sie präsentieren sich dem Leser stets spielerisch und überzeugend echt. Als Beispiel möchte ich sogleich eine Kürzestgeschichte zitieren, die ich wohl als einziger besitze. Auf der Ansichtskarte, die im August 1994 im Fextal ob Sils im Oberengadin geschrieben wurde, liest man:

Ein Tausch zwischen Viehzüchtern hatte zur Folge, dass eine holländische Kuh ins Engadin kam. Der Ort war so schön, dass sie sich davon überzeugte, im Paradies zu sein. Woraus sie den Schluss zog, dass der Tod eine lange Zugreise ist.

Aber kommen wir auf die Phantasie und die Erfindungsgabe zurück. Maria Teresa Biason schreibt in ihrem Buch über die Kürze in der Literatur *(Retoriche della brevità,* Il Mulino, Bologna 2002, S. 188), dass «eine Aphorismussammlung untergründig auch als Morallexikon gelesen werden kann, d. h. wie eine für den Gebrauch bestimmte Zusammenstellung von Rezepten, von Verhaltensmustern». Übernehmen wir für Buletti die Idee einer

«Aphorismussammlung» und die eines «Morallexikons», auch wenn der Begriff Aphorismus bei Buletti einer Erklärung bedarf: Buletti schreibt keine Aphorismen, wenn man unter Aphorismus eine «kurze, treffend formulierte, oft antithetische Aussage in Prosa» versteht, um nur eine der gängigen Definitionen zu zitieren. Bulettis «Aphorismen» präsentieren sich fast ausnahmslos in gebundener Sprache, als Kürzestgedichte oder Versepigramme. Doch wie jedem Epigramm- oder Aphorismusdichter liegen ihm Logik und Moral besonders am Herzen. Wo man bei Buletti eine Moral feststellen kann, da ist auch eine Substanz, eine Substanz des Inhalts, Knoten also, die seine «Moralität» und sein emotionelles Universum ausmachen, mit anderen Worten, seine Weltanschauung.

Der formalen Seite des Inhalts, d. h. der Organisation dieser «Knoten» auf dem Papier, schenkt der Autor höchste Aufmerksamkeit, dies sowohl in seinen Prosaarbeiten, die vor allem aus kürzeren Erzählungen bestehen, als auch in der Poesie. Man kann es aber schon in der oben zitierten Kürzestgeschichte sehen: Das zentrale Wörtchen «woraus», das in anderen Texten durch einen Doppelpunkt ersetzt werden kann, wird zum Dietrich für die logisch-stilistische Nähe, Schlüssel zur Fortführung des Textes. Aber auch der Form oder Geometrie des Ausdrucks (im besonderen den «Figuren» des Stils) gilt Bulettis höchste Aufmerksamkeit. Und wenn es zwischen Geometrie und Poesie Parallelen gibt, dann sicher diejenige der Verwerfung alles Überflüssigen.

Kehren wir nun zur Substanz des Inhalts zurück, mit einem besonderen Augenmerk auf die Themen, die dem Poeten Buletti lieb sind. Auf Seite S. 190 ihres Buchs schreibt Maria Teresa Biason: «Der den drei Jahrhunderten gemeinsame Kern ist eigentlich beschränkt. Es sind vierzehn Leidenschaften (die Liebe, die Freundschaft, die Hoffnung, der Ehrgeiz, die Angst, die Beharrlichkeit, die Geduld, der Hochmut, die Eitelkeit, die Heuchelei, der Geiz, der Neid, die Gewinnsucht, die Mässigung) ...»

Die drei Jahrhunderte sind das siebzehnte, achtzehnte und neunzehnte, eine für Verfasser von Aphorismen fruchtbare Zeit, vor allem in Frankreich. Im Fall Buletti könnte man von den vierzehn Leidenschaften mehr als die Hälfte problemlos streichen (Ehrgeiz, Angst, Hochmut, Geiz, Neid – es sei denn auf gewisse Tiere, z. B. Vögel – ...). Schauen wir uns also einige von diesen Leidenschaften an, und zwar der (chronologischen) Reihenfolge der Auswahl von Christoph Ferber folgend, der die Gedichte mit Kunstverstand und Passion übersetzt hat. Aber nennen wir diese Leidenschaften einfach nur «bemerkenswerte Dinge» und mischen wir Substanz und Form des Inhalts mit Substanz und Form des Ausdrucks.

Die Kürze. Sie ist verbunden mit der Unmittelbarkeit des «Auftakts». Das erste Gedicht des Bandes führt uns gleich in eine Poetik ein, die für das Gesamtwerk des Autors Geltung hat. Das Epigramm geht ohne Umschweife sofort aufs Ganze:

> Io cerco parole abitabili,
> subito metto
> in settenario bettola.

> Ich suche bewohnbare Wörter,
> gleich setze ich in einen
> Siebensilbler ein Wirtshaus.

Was im epischen Poem mit dem höfischen «Ich besinge» begann («Canto ...»; siehe den Anfang von Ludovico Ariostos *Orlando Furioso* bzw. von Torquato Tassos *Gerusalemme Liberata*), wird zu einem bescheideneren «Ich suche», und aus dem Ritterhof (auch die Zeit der Romantik ist inzwischen vorübergegangen) wird eine *bettola* (Wirtsstube, Schenke) für das gemeine Volk, ohne dass man dabei glauben soll, Buletti verpflichte sich dem Neorealismus. *Bettola* ist ein dreisilbiges Wort mit Erstbetonung, ein

Daktylus, und in den drei Versen gibt es gleich drei davon: *àbili, sùbito, bèttola,* die sich gut einfügen in die «frasche settenarie» (siebensilbige Zweige, S. 35), in die «versi settesillabi» (siebensilbige Verse, S. 90), d. h. also in den Siebensilbler, das privilegierte Versmass. Die Übersetzung sucht mit *wóhnbare, sétze ich,* die dreisilbigen, erstbetonten Wörter zu bewahren, und auch das Wirtshaus steht in einem siebensilbigen Vers.

Was nun die Kürze als grundsätzliche Wahl betrifft, stellt sich Buletti wie auch vielen anderen Dichtern (man denke etwa an Borges) das Dilemma, das Quintilian, der römische Redner und Verfasser einer Rhetorik, mit der Empfehlung zu lösen suchte, sich vor der *brevitas* (Kürze), die *obscuritas* (Dunkelheit) wird, in Acht zu nehmen und dem *deesse* (Fehlen) das *superesse* (den Überfluss) vorzuziehen, d. h. eher hinzuzufügen als wegzunehmen. Bei Buletti finden wir die *brevitas* im Titel seiner *Trenta racconti brevi* (Dreissig Kurzgeschichten, Bellinzona 1984; deutsche Auswahl: Zürich 1989). Im letzten Abschnitt werden diese zu *Storiette veloci,* Kürzestgeschichten, von denen wir eine besonders kurze, die Nummer 7, abdrucken. (Im übrigen erinnern uns diese Erzählungen ein wenig an Eugenio Montales Prosastücke in *Farfalla di Dinard,* auch in ihrem Verhältnis zur Poesie des Autors.):

> Ein gewöhnlicher Grenzgänger fuhr schon seit jeher Motorrad, womit er sich nie Ruhm ergattern konnte, wohl aber, zumindest in späteren Jahren, Rheumatismus und Hexenschuss. Eines Morgens hatte er sich verspätet, und um dies wettzumachen, aber nur deswegen – sonst fuhr er als Familienvater sehr vorsichtig –, drückte er heftig auf den Gashebel und überholte dabei das Auto eines einheimischen Dichters. Tief beeindruckt verfasste dieser einen Zweizeiler, mit dem er womöglich berühmt wurde:
>
> «Vom Innenraum erblickte ich einen Zentauren
> oder es schien mir nur so.»

In Buletti geht die *brevitas* Hand in Hand mit der Ironie; aber handelt es sich um ironische Kürze oder um «Kurzironie»? Das Dilemma von Quintilian, hinzufügen oder wegnehmen, ist beim Dichter der Kürze wohl präsent; er hat aber auch die Gabe der genuinen Unmittelbarkeit, mit dem Hintergrund einer Volksweisheit, die den Dichter über Essen, Trinken und Kleiden, ja über alles im Leben urteilen lässt. Es reicht, hier ein Epigramm mit dem Titel *Aut aut* zu zitieren *(Entweder-Oder,* S. 66):

Talmente poco scritta sembra nuda,
se scrivere è vestire,
infagottata, se scrivere è spogliare.

Wenn schreiben kleiden bedeutet,
scheint uns wenig geschrieben: nackt,
bedeutet's entkleiden, scheint's uns: vermummt.

Nun zur Substanz des Ausdrucks. Der Epigrammatiker Buletti achtet sehr auf die Substanz des Inhalts (seine Gefühlswelt, seine Weltanschauung, sein «Aufgeklärt-Sein», die Geschichte der Menschen von heute und gestern, etc.), aber er achtet nicht weniger auf die Substanz des Ausdrucks, überzeugt, dass die exakte Wahl des Materials (die Wörter) sich in eine grössere Nähe zur komplexen Wirklichkeit übersetzt; er vermeidet es aber tunlichst, «dunkel» zu sein, auch ist ihm jede Gelehrsamkeit oder gedankliche Haarspalterei fremd.

Das Gedicht auf S. 13 spielt mit der Mehr- oder Vieldeutigkeit von «a volte» (manchmal). Aber von einer unschuldigen Bedeutung (manchmal scheint die Sonne, manchmal regnet es) ist der Übergang zum tragischen Schicksal von Ipo (der Hypo-, d. h. Unter-Ernährte), der nur «manchmal» isst, gering. Ja, eine weitere Information kommt von der absteigenden Zahl der Verse, welche die Strophen ausmachen: 4, 3, 2, 1. Man folgert daraus, dass Hypo bald sterben wird.

Ein anderes kurzes, intensives Gedicht trägt den Titel *Preghiera* (Gebet), hier auf S. 47. Die *peppola* in der 1. Zeile ist die (lautmalerische) Bezeichnung für den Bergfink *(fringilla montifringilla)*. Das Gedicht kann wegen seiner Zirkularität als Wortkranz gelesen werden: In der ersten Strophe ist von der Fleischwerdung Gottes die Rede, Gott, der Mensch wird. In der zweiten Strophe ist es der Mensch, der zu Gott geht (gehen sollte!); mit der spiegelhaften Wortwiederholung: *Dio, pèppole, figlio, albero,* wobei das Wort *fatti* (werde!, es ist wörtlich nicht zu übersetzen) Dante gemäss *(Paradies,* Gesang XXXIII, Gebet der Jungfrau) ein Spiel zwischen *fattore* (Schöpfer) und *fattura* (Geschöpf) ist.

Buletti verliert nie den gesunden Menschenverstand, welcher laut La Bruyère, «nach dem gesunden Urteilsvermögen auf der Welt ebenso selten ist wie Diamanten und Perlen» oder jene Vorsicht, die Giorgio Manganelli bei Benedetto Croce sah: «Croces Weisheit hat etwas mit der mittelalterlichen Eigenschaft, die Vorsicht genannt wird, zu tun; und es ist nicht nur die Kunst, eine Strasse zu überqueren, sondern die Fähigkeit, sich im menschlichen Beziehungsnetz zurechtzufinden, ohne Hoffnungslosigkeit und ohne zu grosse Hoffnung.» Nun, wieder zur Auswahl:

Angesichts der doch stattlichen Zahl von Gedichtsammlungen und Gedichten ist es bemerkenswert, dass Christoph Ferber in seiner Auswahl eine doch recht marginale Publikation wie *Rosa shoping* berücksichtigt. Das Gedicht, das hier auf S. 54 abgedruckt wird, ist ein seltenes Beispiel für einen «Einfall» in den Dialekt. *Oci bei* steht für «occhi belli», es ist ein sympathisches Kompliment an ein Mädchen, das mit den Augen spricht. Das *ci* anstelle von *gli* oder *le* (ihm, ihr) ist typisch für den geläufigen, in den Schulen aber verpönten «Halbdialekt», der sich jedoch problemlos bei Alberto Moravia und bei anderen finden lässt. Der Text auf S. 55 spielt mit dem Vokal *o*. Kühn, aber treffend, delektiert sich der Übersetzer mit *u*.

Es ziemt sich wohl, hier aufzuhören, auch wenn die Analyse der hier übersetzten Gedichte erst begonnen hat und erst auf wenige «bemerkenswerte» Dinge (Kürze, Ironie ...) hingewiesen wurde. Noch nichts gesagt wurde über die Liebe oder das Spiel, noch nichts über die Poesie, über das Dichten, für wen? und wie? zu welchem Zweck? Um zu sehen, wie sich die Liste verlängert, reicht es, die Titel der vielen (kurzen) Gedichte zu lesen, die Titel der zahlreichen (kurzen) Sammlungen, die meist von Mauro Valsangiacomo, einem kühnen Poesieliebhaber und Verleger von Lugano-Viganello, liebevoll gedruckt worden sind.

Aber die *brevitas* gebietet nun dem Verfasser des Nachworts einen HALT oder einen STOP. Er möchte aber den Leser noch mit einem bisher unveröffentlichten Prosafragment bekannt machen; es gehört zur Reihe von Texten, die als Titel jeweils den Namen einer rhetorischen Figur tragen. Es heisst *Allitterazione* und ist dem Dichter Giovanni Pascoli gewidmet, der für seine häufigen Alliterationen (Gleichheit des Wortanlauts) bekannt ist. Das Porträt des Dichters Pascoli kann wie ein Selbstbildnis des Dichters Buletti gelesen werden. Im Teil, der hier weggelassen wird, ist u. a. von den heute in Lugano und Umgebung so zahlreichen Portugiesen die Rede:

> Es ist sicher, dass die Portugiesen wissen, dass dieser Passant ein Dichter ist, aber es ist wahrscheinlich, das sie kein Gedicht von ihm kennen. Das macht Giovannino nicht traurig. Er liebt es, wenn sie miteinander sprechen, wenn sie klangvoll lachen, wenn sie sich, selten, aber dann grosszügig, ihre Gläser nachfüllen. Und dabei vergisst er das Gezwitscher zwischen den Zweigen.

Es ist der gleiche Passant, der gleiche «humanitäre» Dichter, der in einem der auch formal gelungensten Gedichte des Bandes, die anderen «Passanten» (so der Titel) mit wohlwollender Teilnahme betrachtet:

An gewissen Tagen seh ich sie glücklich,
die Passanten,
an anderen hingegen
seh ich fast alle bedrückt.

Ich weiss nicht, ob glücklich
immer die einen sind
und bedrückt immer die anderen
oder ob sie sich turnusgemäss vermischen.

Oder ob, wer sie beschaut, jeweils das Mass
ändert oder es einfach erfindet –
oder ob er sich, humanitärer Dichter,
nur damit tröstet.

Giovanni Orelli
(Übersetzung von Christoph Ferber)

NACHWEIS

Teil I: S. 9–11 aus: *Riva del sole*, Pantarei, Lugano 1973; S. 12–17 aus: *Né al primo né al più bello*, Iniziative Culturali, Sassari 1979; S. 18–20 aus: *Epigrammi sentenziosi* in: «Cooperazione», 22.12.1983 und 21.6.1984; S. 21–30 aus: *Terzo esile libro di poesie*, Mazzuconi, Lugano 1989.

Teil II: S. 33–51 aus: *Segmenti di una lode più grande*, Alla chiara fonte, Lugano 2002 (S. 33–40: Zyklus *Poesie per Gio);* S. 52–53 aus: *Temi*, Alla chiara fonte, Lugano 2004; S. 54–56 aus: *Rosa shoping*, Fondazione Diamante, Riva San Vitale 2005; S. 57–64 aus: *Pur nel modesto chiaro dell'esistere*, Alla chiara fonte, Lugano 2005; S. 65–72 aus: *Vecchio vizio di scrivere in estratto*, Alla chiara fonte, Lugano 2005; S. 73–77 aus: *La scontrosa incostanza della gioia*, Alla chiara fonte, Lugano 2005; S. 78–84 aus: *Non ciascuno stupore è senza voce*, Alla chiara fonte, Lugano 2005; S. 85–87 aus: *Quel che resta del cielo*, Alla chiara fonte, Lugano 2006; S. 88 in: «Viola» 2008, Nr. 4; S. 89–91 in: «Viceversa letteratura», 2007; S. 92–95 in: «Smerilliana», 2008, Nr. 9; S. 96–97: bisher unveröffentlicht.

WEITERE VERÖFFENTLICHUNGEN IN BUCHFORM

Trenta racconti brevi, Casagrande, Bellinzona 1984
Vertraulichkeiten eines Strandverkäufers. Geschichten aus dem Tessin (Übersetzung und Nachwort: Cornelia Schlegel), Benziger Verlag und Ex Libris, Zürich 1989
Rivage du soleil; Ni au premier ni au plus beau; Troisième frêle livre de poèmes (Vorwort: Clara Caverzasio, Übersetzung: Adrien Pasquali), Editions Empreintes, Lausanne 1998
Brevi (Gedichte), Alla chiara fonte, Lugano 2001

DER ÜBERSETZER

Christoph Ferber, geboren 1954, studierte Slawistik, Romanistik und Kunstgeschichte in Lausanne, Zürich, Venedig und Sofia. Seit 1983 Tätigkeit als freier Übersetzer sowie Lektor an den Universitäten Catania und Pescara. Wohnt in der Provinz Messina.

Übersetzt fast auschliesslich lyrische Texte aus dem Italienischen, Französischen, Russischen, Polnischen und Bulgarischen. Autoren in Einzelausgaben: Giorgio Orelli, Giovanni Orelli, Remo Fasani, Pietro De Marchi (Limmat, Zürich); Michail Lermontow, Vincenzo Cardarelli, Juliusz Słowacki, Gaspara Stampa, Stéphane Mallarmé (Dieterich'sche Verlagsbuchhandlung; Mainz); Ottaviano Giannangeli, David Maria Turoldo, Fedor Sologub, Fedor Tjutschew, Sandro Penna (Pano, Zürich), Dimtscho Debeljanow, Sinaida Hippius, Antonio Porta, Attilio Lolini, Sadiq Bey, David Samojlow (Klinger, Görlitz). Mitarbeit bei der *Neuen Zürcher Zeitung,* Veröffentlichungen in *Neue Rundschau, Drehpunkt, Entwürfe* sowie in Lyrikanthologien der Verlage Suhrkamp, Schwabe, S. Fischer.

INHALT | INDICE

5   Vorbemerkung

   I
9   *Ich suche bewohnbare Wörter | Io cerco parole abitabili*
10 *Du verneinst es nicht, dass das Leben schwer ist | Non neghi che la vita sia dura*
11 *Kinder spielen | Bambini giocano*
12 *Auf doppelte Weise sind die Wörter | Doppiamente le parole non sono*
13 *Bär frisst | Orso mangia le bacche*
14 *Damit Hyper | Affinché, mensilmente*
15 *Es gibt Leute, die ausser den Paragraphen | C'è chi nulla conosce oltre i paragrafi*
16 *Es gibt Leute, die sich nur | C'è gente che si fonda*
17 *Du glaubst, diese Freude | Tu pensi che questa letizia*
18 Die Tugenden | Le virtù
19 Die Fixpunkte | I punti certi
20 Das Alltägliche | Il quotidiano
21 Ursache-Wirkung | Cause-Effetti
22 Der ungelegene Dritte | Terzo incomodo
23 Kleines Gebet | Preghiera piccola
24 Fragen | Domande
25 Studio d'ambiente
26 Souvenir
27 Einem Freund aus Olten | A un amico di Olten
28 Unzählige Seiten | Innumerevoli pagine
30 Ein leichtes Zeichen | Un breve segno

   II
33 Bitte | Richiesta
34 Nur auf einem Sandstrand | Solo se fosse
35 Hütte | Capanna
36 *In einem Gedicht kann sich ein anderes verstecken | Una poesia può nasconderne un'altra*

37 Via Ferri
38 Es war März | Era marzo
39 Vermutungen über einen Sonntag | Ipotesi su una domenica
40 Als Stern oder dunkel | Sia di stelle che buia
41 Schreiben | Scrivere
42 Menschlicher Sommer | Umana estate
44 Teile des Tages | Parti del giorno
45 Was jeder macht | Cose che ciascuno fa
46 Passanten | Passanti
47 Gebet | Preghiera
48 Reisenotiz | Appunto di viaggio
49 Ungleichheit | Disuguaglianza
50 Tropfen | Gocce
52 Sich vorstellen, die Zeit sei erschöpft, und schreiben, was dann passieren kann | Immaginare che il tempo sia sfinito e scrivere cosa può succedere
53 Sagen Sie etwas zu Frau Abend | Dire qualcosa alla signora sera
54 *Ich sag ihr: Tschau, Schöne* | *Ci faccio: ciao bella*
55 *Und ich hab's im Gedächtnis* | *L'o saputo a memoria*
56 *Ich rolle den sanften Berghang hinunter* | *Rotuli giò per 'na brüga da muntagna*
57 Selten, gewöhnlich | Raro, comune
58 Vorliebe | Preferenza
59 Bitte | Richiesta
60 Pessimismus | Pessimismo
61 Geliebte Pausen | Care soste
62 28.2.
63 An einem Samstag Morgen, vor der Migros | Un sabato mattina, davanti alla Migros
64 Test
65 Kürze als Grenze | Brevità è un limite
66 Entweder-Oder | Aut aut
67 Sein Schreiben | Il suo scrivere
68 Trotz aller Absicht | Malgrado le intenzioni
69 Bräute | Spose

70 Kleineres Übel | Male minore
71 Memento!
72 Scham | Pudore
73 Nachprüfung | Riscontro
74 Vermutete Petition der Engel | Presunta petizione degli angeli
75 20.6.2003
76 Kurz und bündig | Poesia spiccia
77 Ähnlich | Similmente
78 Starrköpfig | Testardo
79 Speedy Poem (or Gonzales)
80 Gleichung | Equazione
81 Bar Monti
82 Schnörkel | Ghirigori
83 Bäume | Alberi
84 Begegnung | Incontro
85 Jeden Samstagabend | Ogni sabato sera
86 Nicht nur von Faul | Non di solo Faul
87 Privileg | Privilegio
88 Aber wäre es nur | Fosse solo
89 Und noch anderes | Altre ancora
90 Angelus minor
91 Gnade über euch | Sia reso grazie
92 Zwei rhetorische Figuren | Due figure retoriche
93 Das unkörperhafte Gewicht der Meisen | L'incorporeo peso delle cince
94 Dichterinterview | Intervista al poeta
96 Erleuchtung | Illuminazione
97 Bilanz | Rendiconto

99 Nachwort
107 Nachweis
108 Der Übersetzer